Bertha Giotti

SEJA SEMPRE POSITIVO

Dados Internacionais de Catalogação na Publicação (CIP)
(Câmara Brasileira do Livro, SP, Brasil)

Giotti, Bertha
    Seja sempre positivo / Bertha Giotti.
São Paulo : Editora Melhoramentos, 2007
(Comportamento)

    ISBN: 978-85-06-05109-2

    1. Otimismo   2. Sucesso – Aspectos psicológicos
I. Título   II. Série

07-5382   CDD-158.1

            Índices para catálogo sistemático:
        1. Pensamento positivo: Psicologia aplicada   158-1

Redação: Bertha Giotti
Capa: Casa de Idéias
Diagramação: Eduardo Bordallo

Todos os direitos reservados
© 2007 Editora Melhoramentos Ltda.

1.ª edição, 2.ª impressão, março de 2008
ISBN: 978-85-06-05109-2

Atendimento ao consumidor:
Caixa Postal 11541 – CEP 05049-970 – São Paulo – SP – Brasil

Impresso no Brasil

Sumário

Esqueça a sorte 5

Parte I – Onde está a chave? 7

Converse com o Universo 8

Explorando a primeira premissa – Destrinchar os desejos 10

Explorando a segunda premissa – Estar a postos para receber 12

Uma jornada estratégica 15

Para a bagagem 15

Conhecendo a topografia 16

Não perca 20

Os arquétipos da positividade, da negatividade e da imobilidade 22

Parte II – 10 lições estratégicas para pensar positivo com sabedoria 26

1. Olhe para a frente 26

2. Preocupe-se com o presente 27

3. Agradeça e aprecie o que tem 29

4. Não confunda o que você quer com aquilo de que precisa 31

5. Esteja preparado para pegar rotas alternativas 33

6. Permita-se chorar 34

7. Não responsabilize os outros por suas perdas 35

8. Trabalhe. Depois do horário, se preciso 37

9. Valorize as pequenas conquistas   40

10. Procure enxergar além   41

PARTE III – ENCARE O PENSAMENTO NEGATIVO   43

Negativo *versus* negatividade   44

Cuidado: a negatividade se constrói   47

Das palavras   48
Das suposições   49
Das distorções   50
Do auto-engano   51

PARTE IV – 10 NEGATIVIDADES E SEUS ANTÍDOTOS   52

1. Ódio   52

2. Vingança   52

3. Autopiedade   53

4. Vergonha   54

5. Intolerância   55

6. Preconceito   55

7. Indiferença   56

8. Remorso   57

9. Frustração   58

10. Pessimismo   59

ENFIM, O EQUILÍBRIO   61

Esqueça a sorte

Sim e *não*. Duas palavras tão pequenas, mas, ao mesmo tempo, tão poderosas. Opostas e complementares, são elas que traçam o nosso destino, nos levam – ou não – a um lugar, a alguém, ao naufrágio, ao sucesso. Vivemos à mercê delas, todos os dias, a todo momento, desde a primeira vez que nos negaram aquele enorme sorvete ou nos compraram o brinquedo da moda, aquele que todo mundo tinha. O "sim" é espetacular. Se você parar pra pensar, vai ver que os melhores segundos da sua vida foram proporcionados por um "sim". Não é à toa que o perseguimos constantemente. Queremos um "sim" da vida, do Universo, de todos os que nos cercam. Somos tão ansiosos e queremos tantas coisas ao mesmo tempo que, às vezes, tem-se a impressão de que não haverá "sim" pra tantos pedidos.

Atualmente, muitos livros e filmes se preocupam em mostrar o poder do pensamento positivo – uma arma infalível para se conseguir o que quiser. No entanto, não se pode confundir o pensamento positivo com a busca desenfreada pelo "sim". Lembre-se: para funcionar bem, a mente precisa estar relaxada. Imagine que sua mente é um lago: cada pensamento é uma pedrinha que se atira na água. A todo instante, atiramos milhares de pedrinhas na água, a ponto de, muitas vezes, transformar nossa mente num verdadeiro *tsunami*.

Para realmente usufruir dos "sins" que a vida oferece, é preciso parar de atirar pedras no lago, porque, na prática, não pensamos duas coisas no mesmo instante. Apesar da enorme capacidade de processamento da mente, só podemos pedir, querer, visualizar uma coisa de cada vez.

Se o "sim" é espetacular, o "não" é "aterrador". Com a mente esvaziada, o próximo desafio é aprender a pôr o "não" em seu lugar. Não espere exterminá-lo de sua vida. Nem sempre um pensamento negativo é prejudicial. Concluir que o leão vai mordê-lo se você entrar na jaula é precaução, não pessimismo. Desse ponto de vista, o "não" está associado ao medo e, em última instância, ao instinto de sobrevivência. Como ensina a sabedoria *yin-yang*, nenhum oposto vive sem o outro. Nenhum "sim" teria o mesmo sabor de sucesso se não existisse o "não". Pensar positivo é, na verdade, *saber pensar*, para, em seguida, *saber agir* em nome de um objetivo. E isso não significa renegar o "não", mas sim saber usá-lo a seu favor, como um cão de guarda.

Muita gente acredita que dinheiro, beleza, saúde, carreira impecável são apenas golpes de sorte. Ou você tem sorte, ou não tem. Para essas pessoas, o ser humano é uma espécie de Maomé esperando a montanha chegar. A partir de agora, esqueça a sorte: as montanhas não saem do lugar. Melhor ainda: você não seria capaz de pensar se não fosse capaz de fazer.

Parte I
Onde está a chave?

Sidarta Gautama (563 a.C.-483 a.C.), o Buda, disse certa vez: "Tudo o que somos hoje é resultado daquilo que nós pensamos no passado". George Berkeley (1685-1753) vai ainda mais longe. Para ele, não existe sequer mundo material. Tudo que nos rodeia é apenas fruto da nossa consciência. O mundo está ligado ao pensamento, e nossa alma – o que somos – é na verdade a causa de nossas próprias idéias.

Se você prestar atenção a tudo o que faz, vai perceber que pensar é o ato mais poderoso e misterioso da vida. Só você pode decidir pensar em uma coisa ou em outra. Só você tem acesso ao seu pensamento. Nem os melhores aparelhos de tomografia computadorizada ou de ressonância magnética são capazes de saber, de fato, o que se passa na sua cabeça. Podem perceber áreas mais ativadas no cérebro, concluir até que você está feliz ou triste. Mas não podem conhecer a causa desse sentimento. Pensar é ainda mais forte que falar, uma vez que o pensamento conta com a imagem. Não é à toa que você pode falar uma coisa e pensar em outra. Não é por acaso que a mente funciona mesmo quando você não quer pensar em nada. Ela é capaz, por exemplo, de criar histórias inteiras, lógicas ou ilógicas, com personagens muitas vezes desconhecidos para nós – são os sonhos.

Em 1913, o psiquiatra holandês Frederik Wilhelm van Eeden usou pela primeira vez a expressão "sonho lúcido", referindo-se à experiência de pessoas – inclusive ele – que dizem sonhar de maneira lúcida, ou seja, podem perceber que estão sonhando enquanto o sonho acontece e modificar o curso dos acontecimentos, embora, muitas vezes, sejam obrigadas a aceitar o cenário oferecido pelo sonho. Percebe-se, assim, não só o poder da nossa mente, mas também o poder que somos capazes de exercer sobre ela.

O pensamento está ligado à vontade. O problema é que, quase sempre, não sabemos reconhecer nossas verdadeiras vontades, nossos reais desejos.

O primeiro passo, portanto, para tornar real o que pensamos não é pensar positivo; é saber o que realmente queremos. Por que queremos? Para que queremos? Onde se quer, de fato, chegar e por quê?

Antes de continuar a leitura, faça uma lista de tudo o que você gostaria de conquistar. Você vai perceber que, quando alguém nos pergunta isso, tendemos a agir com modéstia e generalização. Todos querem saúde, dinheiro e alegria. E aqui encontramos uma bela contradição: se todas as pessoas, em todo o planeta, querem tanto essas coisas e pensam juntas nisso – numa enorme corrente cósmica –, por que nem todas são contempladas? Mais ou menos como acontece em uma final de Copa do Mundo: por que milhares de pessoas juntas pensando positivamente, torcendo pra que o jogador do seu time acerte o pênalti, nem sempre leva a bola pra dentro do gol? Todas as chaves podem entrar na fechadura, mas qual delas realmente abre a porta?

Converse com o Universo

Descobrir quais são seus reais desejos é o primeiro passo. Retome a lista que você fez e comece a destrinchar cada uma de suas vontades. Imagine-se conversando com o Universo.

– Quero alegria – você diz.
– O que te faz alegre? – pergunta o Universo.
– Acordar pela manhã e ter tempo livre pra fazer coisas agradáveis – você responde.
– Hum, tempo livre... Trabalhar menos, ser bem remunerado... Pra que isso? – pergunta o Universo.
– Ora, pra passar mais tempo com as pessoas de quem gosto, brincar mais com os meus filhos... – você explica.
– Entendo... Mas aonde você quer chegar com isso?
– Quero conhecer as pessoas ao meu redor, conviver mais com elas. Interagir com o mundo e não apenas viver nele.
– Sei! Mais vida de fato, ou, como vocês dizem, mais qualidade de vida...

Destrinchar um desejo significa encontrar suas causas. A alegria é um efeito. As causas podem ser muitas. Quando você destrincha um desejo, descobre o caminho que deve ser trilhado para alcançá-lo. Se o caminho é nítido, fica mais fácil saber aonde se quer chegar com a realização desse desejo – primeira premissa. Mas isso não é tudo. O diálogo continua:

– Isso, exatamente! – você responde exultante ao perceber que o Universo compreendeu o seu pedido.
– É fácil. Está pronto pra começar? – conclui o Universo.

Essa é a segunda premissa. Você precisa estar a postos para receber quando pedir. Não encare o Universo como um garçom. Ele não virá vestido de uniforme, com uma bandeja na mão. Ser positivo não significa, de maneira alguma, ser passivo.

Você encontra a chave, ela encaixa na fechadura, mas a porta só abre quando *você* gira a chave.

Explorando a primeira premissa – Destrinchar os desejos

Não é fácil destrinchar um desejo. Queremos tantas coisas ao mesmo tempo que fica até difícil separar aquilo que queremos daquilo que *achamos* que queremos. Na prática, isso significa dizer que querer um carro novo é diferente de querer um carro novo porque o vizinho acaba de comprar um. Materialmente, somos ainda levados pela propaganda, pela mídia, pelo padrão social, e muitas vezes desejamos apenas por desejar. Dos trinta pares de sapato que você tem no armário, é provável que use apenas dois ou três. Preste atenção às suas roupas. A maior parte dos cabides permanece intocada durante toda a semana. Emocionalmente, muitos de nós trocamos de parceiro constantemente porque ainda não encontramos aquilo que realmente queremos, como se as pessoas estivessem numa vitrine, estáticas, prontas para ser escolhidas a dedo. Precisam "vestir" bem, nem sobrar, nem faltar, e, de preferência, não mudar com o tempo. Pode parecer radical essa comparação. Muitos talvez argumentem que apenas buscam "o amor da sua vida". Se esse é seu caso, já parou pra pensar no que isso significa? Ou seja, na prática, como é "o amor da sua vida"? Muito provavelmente você vai concluir que o amor da sua vida tem mais de você do que dele mesmo. É uma criatura montada, idealizada, um modelo com o qual, após vários testes – outros relacionamentos –, você acha que pode conviver e ser feliz para sempre.

Material ou emocionalmente, não importa. Temos a tendência a querer sem pensar, sem refletir, pelo simples prazer – ou obrigação – de querer algo. E assim, "atirando pra todo lado", despende-se uma energia valiosa, que poderia ser usada para conseguir tudo aquilo que realmente importa pra você.

Por isso, a primeira premissa para descobrir seus reais desejos é destrinchá-los, separando o joio do trigo. Sossegue a mente, guarde todas as pedrinhas no bolso e reflita sobre o que você quer, aonde quer chegar e por quê. Algumas dicas podem ajudar:

Às vezes uma coisa exclui a outra

Pode parecer estranho, mas, muitas vezes, queremos coisas contraditórias. Se você quer trocar de celular a cada três meses e jantar fora todo fim de semana à custa de um cartão de crédito cujo valor da fatura tem endereço fixo na Lua, não pode querer guardar dinheiro. Quer dizer, poder pode, mas certamente não vai chegar lá.

Você adora museu, mas foi parar numa boate

Mais comum do que se pensa. Você decide que quer viajar para se instruir culturalmente. Os museus da Europa são o seu destino. Mas... está na moda pegar uma noitada em Nova York. Pelo menos foi isso o que o agente de viagens disse. Ter foco é importante. Antes de mudar a rota, pare, pense e revise seus objetivos.

Cuidado com os filmes de Mentewood

Pouca gente se dá conta disso, mas nossa mente é o lugar mais fértil e criativo do Universo. Além de todas as invenções e idéias geniais que a mente humana é capaz de oferecer ao mundo, ela também produz filmes inesquecíveis – e não estou falando dos sonhos. Sempre que começamos a desejar algo, uma avalanche de imagens a invade, nos transmitindo ao vivo como seria nossa vida se aquele desejo fosse realizado. A visualização é uma técnica importante quando o assunto é pensar positivo (veja pág. 21). Não há dúvidas quanto a isso. Mas é preciso ficar atento às peças que nosso canal preferido costuma nos pregar. É o que muitos chamam de *ilusão*. O melhor exemplo disso é o cachorrinho de estimação que todos nós desejamos quando somos crianças. A maioria de nós pensa nesse cachorrinho como um amigo que busca o osso, abre a porta sozinho, é peludinho e passeia sem coleira. Quando ele chega, late mais do que você supunha, não sabe andar sem coleira, e aquele osso grandão, branco, não existe na vida real. Considere o que você pede como um pacote. Se você quer mesmo o cachorrinho, prepare-se também para receber as pulgas. Esse tipo de reflexão vai levá-lo a responder a uma pergunta básica: por que você quer um cachorrinho?

Explorando a segunda premissa – Estar a postos para receber

A segunda premissa é o que se pode chamar de *participativa*. "Você pede, o Universo atende" é uma bela idéia, quase romântica, mas, na prática, não funciona assim. Para citar um adágio já popular, o Universo *conspira* a seu favor. Ele não *faz* por você. Portanto, de nada adianta rezar o terço e cruzar os braços ou esperar pela sorte. Na primeira premissa, você aprendeu a pensar, a refletir sobre o que quer, sobre os seus desejos e aspirações. Na segunda, é preciso agir.

NÃO INVERTA OS FATOS. Há uma piada que ilustra bem isso:

O cidadão era muito ambicioso. Queria ficar rico, acumular muito dinheiro. Não gostava de gastar com nada, só pensando na montanha de dinheiro que teria. Mas ganhava pouco, e resolveu então apelar para Deus. Toda semana passava na igreja, rezava um terço inteiro e, no final, pedia:

– Por favor, Senhor, me ajude a ganhar na loteria. Serei muito mais feliz.

A semana passava e lá estava ele de novo, depois de rezar dois terços, oferecendo um ao Senhor e outro ao santo de sua devoção:

– Senhor, eu lhe imploro. Me ajude a ganhar na loteria. O prêmio está acumulado. O senhor não pode imaginar como isso me fará o homem mais feliz do mundo.

Na semana seguinte, o homem voltou à igreja. Dessa vez, não rezou nem um, nem dois terços. Resolveu rezar cinco de uma tacada só. Passou quase toda a manhã na igreja. Quando terminou de rezar, implorou:

– Senhor, eu preciso ganhar na loteria. O Senhor precisa me ajudar. Prometo fazer qualquer coisa se conseguir isso. O senhor pode pedir o que quiser.

– Que tal se você *jogasse* nessa tal loteria? – propôs o Senhor.

Acredite na sua intuição

A palavra "intuição" vem do latim *intuire*, que significa "imagem refletida no espelho", ou seja, algo que nos é revelado, um *insight*, um recado do Universo capaz de nos avisar sobre a hora de agir. Concentre-se nesse tipo de comunicação. A resposta do Universo não está fora de você, afinal você está *dentro* do Universo.

Siga o exemplo da formiga

Saber pensar e saber agir não implicam resultado imediato. Ao contrário do que muita gente pensa, nem o Universo, nem Deus, nem nenhuma "entidade" a que se peça algo tem uma cartola na mão, de onde coelhinhos coloridos pulam a todo momento. Ser positivo é adotar uma postura positiva, rumo ao objetivo pretendido. As formigas carregam e cortam as folhas diariamente, a todo instante, porque sabem que a cigarra não fará isso por elas. Parafraseando um ditado popular, o trabalho é do tamanho do seu sonho.

Tome cuidado com os atalhos, de todos os tipos

Um atalho é sempre uma forma de se chegar mais rápido. Ótimo? Nem sempre. Na velha fábula dos três porquinhos, o primeiro constrói uma casa de palha, enquanto o segundo ergue sua casinha de madeira. A idéia deles é fazer logo a casa pra poder brincar e descansar, ou seja, arrumar um atalho pra ganhar tempo. Para o terceiro porquinho, porém, não existe atalho. Ele sabe que a casa segura deve ser de tijolos. E isso demanda tempo. Quando o lobo aparece, a casa de palha e a de madeira voam pelos ares. Só a casa do porquinho sábio permanece.

Da mesma forma, não se iluda com as belas estradas, sem

buracos, floridas, espaçosas e encantadoras. Na Bíblia, a estrada que leva à vida eterna é estreita. Tenha isso em mente quando achar que o caminho está pedregoso demais para prosseguir.

Uma jornada estratégica

Não existe milagre no pensamento positivo. Você pode operar com perfeição a sua mente, sem truques nem rodeios. Ser positivo é, antes de qualquer coisa, ser racional, estratégico. De nada adianta apenas imaginar meia dúzia de cenas bonitas ou se esforçar para pensar em uma dúzia de palavras positivas. Depois de destrinchar os seus desejos e se pôr a postos para realizá-los, é hora de traçar o mapa e seguir em frente – tudo o que você tem a fazer é encontrar as chaves que abrem as portas. O caminho não é longo, nem curto, e, como em toda viagem, as surpresas, os imprevistos e o desconhecido estarão presentes. Trechos na água, na terra e no ar são comuns. Mas outros dois tipos de meio podem ser solicitados: o subterrâneo e o limbo.

PARA A BAGAGEM

VONTADE. Inerente ao desejo, está no cerne do pensamento positivo. Todo querer nasce de uma vontade. E qualquer vontade, por menor que seja, é capaz de gerar um "pensamento aliado". O pensamento aliado é o embrião do pensamento positivo. É de vários pensamentos aliados que se faz um pensamento positivo. Quando, por exemplo, você tem vontade de fazer um curso, logo essa vontade gera um pensamento aliado – por exemplo, estudar me trará conhecimento –, e mais outro – posso ser promovida no trabalho depois desse curso – e outro ainda – meu salário vai aumentar. Em conjunto, esses pensamentos aliados *podem* levá-lo a pensar positivamente em estudar. *Podem* porque dependem de outros fatores, como coragem, persistência e amor-próprio.

CORAGEM. Não pode faltar na bagagem. Segundo os dicionários, coragem é, ao mesmo tempo, firmeza de espírito para enfrentar situações difíceis, determinação e ousadia. Para o líder judeu David Ben-Gurion (1886-1973), "a coragem está num tipo especial de conhecimento: saber temer o que deve ser temido e não temer o que não deve ser temido". Lembre-se da jaula do leão: você deve ter medo de ser devorado, mas não deve temer olhar nos olhos da fera. Os melhores e mais produtivos embates não são físicos.

PERSISTÊNCIA. Pode-se dizer que é sinônimo de constância. No entanto, a única coisa realmente constante é a mudança. Desse ponto de vista, a persistência só existe porque as coisas mudam. Continuar, persistir, perseverar são os verbos que devemos conjugar quando alguma coisa sai da rota. Anote: você vai precisar dela pra ser positivo.

AMOR-PRÓPRIO. Amar-se é o primeiro passo pra acreditar que você merece o que deseja. Sem amor-próprio todo o resto – vontade, coragem e persistência – se esvai num sopro.

Leve na bagagem de mão.

CONHECENDO A TOPOGRAFIA

O mapa que leva à realização dos desejos é complexo. Grandes quedas-d'água, trechos de lama e vôos espetaculares. Sem contar passagens pelo subterrâneo e pelo limbo.

Antes de prosseguir, conheça as características de cada um dos ambientes desse mapa.

Na água. O maior perigo é se afogar. As águas revoltas são especialmente desafiadoras para barcos e canoas. Mantenha a calma e continue remando. As grandes quedas-d'água acontecem quando menos esperamos. O rio está calmo, tudo caminha como deve ser. Uma nova escolha, porém, pode levar ao despenhadeiro em instantes. Se o barco virar, nade a favor da correnteza até chegar à margem e descanse antes de continuar.

> **Aplicação prática.** As grandes paixões são sempre revoltas. Você está em busca do grande amor quando se decepciona, ou seja, é surpreendido por uma grande queda-d'água. Não adianta fingir que está bem ou que, subitamente, aceitou o fato. Vá digerindo a situação aos poucos, nadando a favor da correnteza, até se sentir seguro. E não se afobe. Descanse um pouco. Muitas vezes um tombo é um aviso do Universo. Escute-o. Com certeza, ele tem algo a lhe ensinar.

Na terra. Os trechos enlameados oferecem grande resistência mesmo a veículos apropriados. Sabe aquela sensação de que você não consegue sair do lugar? É num trecho assim que você está. Você pode acelerar pra sair do atoleiro, mas isso quase sempre piora a situação, afundando ainda mais o carro. Se a quantidade de lama for imensa, não insista mais do que três vezes. Vá a pé. Os ancestrais do homem – que nem eram tão inteligentes – cruzaram continentes usando apenas as pernas.

Aplicação prática. Você se acha estagnado profissionalmente. A empresa onde trabalha não lhe oferece novas oportunidades nem novos desafios. Você já teve uma conversa franca com o chefe, pôs-se à disposição para novas tarefas e se ofereceu para ganhar menos num cargo que você considera mais promissor. Mas nada disso surtiu qualquer efeito. Nesse caso, pare, pense, avalie a quantidade de lama e decida: às vezes, é melhor tomar o próprio rumo, ir em busca de outro emprego ou, quem sabe, abrir o próprio negócio.

No ar. As turbulências são comuns. Não se esqueça de que, segundo a teoria do caos, o leve bater de asas de uma borboleta no Japão pode causar um furacão no Caribe. A primeira coisa a fazer é ficar no olho do furacão, como sabiamente ensina Richard Carlson em seu brilhante *Não faça tempestade em copo d'água*. Você não pode fugir, mas pode escolher ficar em lugar seguro. A segunda não é nenhum segredo: espere o furacão passar – nenhum furacão é eterno.

Aplicação prática. Vamos supor que seu grande sonho seja morar no exterior. Você junta dinheiro durante anos, está com as malas prontas, mas é surpreendido por um problema familiar, que o faz repensar sua decisão. Não há como ir em frente. Num piscar de olhos, você tem a impressão de que uma forte ventania resolveu varrer o seu sonho; a família é importante, e ela precisa de você. Nesse caso, não se desespere, não tente culpar ninguém. Espere o furacão passar em segurança; você com certeza não se sentirá bem se partir diante de tal situação. E acredite: tudo realmente passa, as coisas se ajeitam, se acomodam, como manda a física – os átomos sempre se combinam e se recombinam indefinidamente.

No subterrâneo. Ao contrário do que muita gente pensa, há vida no calabouço terrestre, e, se você foi parar lá, tenha certeza de que sairá ainda mais forte. Aventurar-se por esse tipo de entranha é estar frente a frente com a própria essência, a origem da origem. Só quem esteve embaixo sabe o que é estar em cima. E isso é essencial para uma atitude mais positiva.

Aplicação prática. Há momentos na vida em que a introspecção é inevitável. A perda de uma pessoa querida ou o fim de um casamento, por exemplo, são alguns desses momentos, quando o único desejo é superá-los. Nessas situações, concentre-se na sua essência, naquela fagulha que dá chama à vida. As fagulhas são fortes; basta uma pra fazer fogo.

No limbo. Até 2007, o limbo era, para o cristianismo, a morada das crianças que morriam sem ser batizadas. Embora extinto pela Igreja católica, o limbo continua a representar um lugar à parte, uma espécie de exceção da vida espiritual, uma lacuna que serve de estada a tudo aquilo que não tem pra onde ir. Para Mário Quintana, os objetos perdidos também vão para uma espécie de limbo, ou melhor, para os anéis de Saturno – é lá que estão todos os objetos perdidos, de botões que se desprendem a guarda-chuvas esquecidos, girando sem parar. Muitas vezes, pra ser positivo e seguir em frente, é preciso abandonar algumas coisas, deixá-las no esquecimento, "perdê-las" pra sempre.

> **Aplicação prática.** Ser positivo é dar o real valor a cada coisa que vale a pena. Não se prenda a quinquilharias; mande-as para o limbo. Para concorrer a uma nova vaga de emprego, esqueça aquela que não conseguiu; se terminou um relacionamento que o prejudicava, tire isso da mala.

NÃO PERCA

Em qualquer viagem, há lugares que não se pode deixar de visitar. Na busca pelos seus objetivos, fique atento a certos museus, teatros e parques de diversão. Se você parar pra pensar, vai ver que muito da vida é memória, representação e brincadeira. Vale a pena uma visitinha ao planetário, mas não tente desvendar a mensagem das estrelas. Ao contrário do que pode parecer, elas ficam bastante mal-humoradas quando não lhes damos a chance de nos surpreender.

Museu da Experiência. A memória é sábia. Desde que nos conhecemos por gente, ela vem catalogando nossas experiências, separando e etiquetando tudo, em gavetas, prateleiras e, muitas vezes, estantes inacessíveis. O conhecimento é a base do pensamento positivo. Imagine que você queira mudar de emprego pela terceira vez. Pela memória, você sabe que já foi capaz de fazer isso duas vezes. Essa experiência vai, com certeza, impulsionar a sua decisão. É hora de partir para o Teatro de Mentewood.

Teatro de Mentewood. Ser positivo implica imaginação, criação, representação. Para exercitar o pensamento positivo, você vai precisar se imaginar na situação pretendida. É o que muitos chamam *técnica de visualização*. Se o seu objetivo é comprar um carro novo, imagine-se passeando nesse carro. Se a intenção é ocupar um cargo superior na empresa, imagine-se nesse cargo. Se, porém, na última vez em que trocou de carro ou subiu de cargo, você teve uma péssima experiência, certamente terá medo de prosseguir. Nesse caso, dê um pulo no Teatro do Inverso.

Teatro do Inverso. Vizinho do Teatro de Mentewood, é uma espécie de laboratório onde revisamos nossas experiências ruins e temos a chance de reciclá-las. Os três mandamentos do Teatro do Inverso são:

- Há males que vêm para bem
- Aprenda com seus erros
- Não se entra duas vezes no mesmo rio

Parque do Bom Humor. Não há como pensar de maneira positiva se você não for capaz de rir de si mesmo ou da situação. E isso não é apenas engraçado – é muito sério. Quando você achar que chegou a um beco sem saída, o riso pode ajudá-lo a enxergar o caminho. Isso acontece porque, ao rir de nós mesmos ou da nossa situação, estamos, na verdade, enxergando o problema de fora, de outra perspectiva.

Planetário. Instigante e muito visitado, o Planetário representa o futuro. Temos o péssimo hábito de querer saber do amanhã antes de viver o hoje. Se alguém lhe contasse o que vai acontecer com você amanhã, provavelmente lhe tiraria o poder de escolha. Diz a sabedoria popular que, quando apontamos o dedo para uma estrela, quando a escolhemos em meio a tantas no céu, ganhamos uma verruga no dedo. Talvez elas estejam querendo nos lembrar de que o poder de escolha está em nós, e não nelas.

Os arquétipos da positividade, da negatividade e da imobilidade

Por último, ao longo dessa jornada, você vai deparar com personagens de todo tipo. Alguns são criações da sua mente; outros, de mentes alheias. Alguns vêm pra ajudar; outros são pura armadilha. São personagens diversos, e costumo chamá-los *arquétipos da positividade, da negatividade e da imobilidade*. Desde crianças, aprendemos a conviver com eles, e é por meio dessa galeria que construímos muitas de nossas crenças, capazes de nos tornar pessoas mais ou menos positivas.

Arquétipos da positividade

1. A Confiança. Acredita em tudo o que faz. Dá ótimas aulas de pensamento positivo, mas é preciso tomar cuidado com seus excessos. A atitude positiva não é impensada. Consulte as l0 Lições estratégicas para pensar positivo com sabedoria (Parte II).

2. A Determinação. Ajuda o pensamento positivo a superar barreiras. Agarre-se a ela sempre que se achar menor que o obstáculo.

3. A Alegria. Não se pode ser positivo sem ela. Quando tudo parece perdido, o melhor a fazer é procurar a sua companhia. As coisas alegres nos dão força pra seguir em frente.

4. O Desprendimento. Para os budistas, o apego leva ao sofrimento. Ser positivo é também saber a hora de partir, de deixar pra trás o que não importa, o que deve ficar no limbo. Ser positivo não é querer tudo se apegando a qualquer coisa que apareça pela frente.

5. O Visionário. Se encontrá-lo, preste atenção ao que ele tem a dizer. O Visionário ajuda o pensamento positivo, na medida em que enxerga além das possibilidades. Quando você é capaz de vislumbrar o caminho atrás da montanha – mesmo sem vê-lo –, nada poderá detê-lo.

Arquétipos da negatividade

6. O Mau Humor. Também está em toda parte. Não dê ouvidos aos seus disparates pessimistas.

7. A Raiva. Pode estragar qualquer atitude positiva. Passe longe dela. É o tipo de personagem que aparece subitamente; por isso, para evitá-la, esteja a postos ao menor sinal de sua presença. Feche os olhos e respire fundo que ela vai embora. Se preciso, desvie seu pensamento para outras coisas.

8. O Rancor. Funciona como uma bola de ferro amarrada nos pés do prisioneiro atirado ao mar. Por causa do peso, ele não consegue subir à superfície para respirar. Não caia na armadilha. O Rancor é um dos maiores inimigos do pensamento positivo.

9. A Inveja. Ela mina sua capacidade de ser positivo, porque leva a pensar que só os outros conseguem de fato o que querem – e o que nós queremos. O invejoso deseja o desejo do outro, não o dele.

10. A Preguiça. Não vai levá-lo a lugar nenhum.

Arquétipos da imobilidade

11. O Cético. Ao contrário da Confiança, não acredita em nada, nem nele mesmo. Suas melhores frases são: "Não sei", "Pode ser" e "Quem sabe". Responde com indiferença a projetos e desejos. Os Céticos estão por toda parte e costumam nos apresentar a Dúvida.

12. A Dúvida. Tem mais idade que o mundo, mas nos parece jovial e intensa. É com ela que conversamos, discutimos muito antes de optar por uma atitude positiva.

13. O Resignado. Acha que tudo está ótimo exatamente como está. Pra que um emprego novo? Pra que mais dinheiro? Casa própria? Um novo amor? É difícil convencê-lo de que a vida é um sonho a ser realizado a cada dia. Mas não se preocupe. Siga em frente. Ele não se importará muito com você.

14. O Preocupado. Está sempre com as duas mãos na cabeça e costuma fazer listas imensas dos prós e dos contras. Não despreze as suas listas, mas tome cuidado. O Preocupado tem tendência a dar ganho de causa aos contras.

15. O Medo. Personagem assíduo, está sempre nos nossos domínios. Costuma causar turbulências ao pensamento positivo, mas não deve ser completamente ignorado. Preste atenção ao que ele tem a dizer. Muitas vezes, suas palavras não têm o menor fundamento. Nesses casos, siga em frente.

Com esse roteiro básico sobre o que o espera na jornada em busca dos seus objetivos, fique atento às 10 lições estratégicas para pensar positivo com sabedoria. São elas que vão guiá-lo na procura pelas chaves que abrem as portas.

Parte II
10 lições estratégicas para pensar positivo com sabedoria

1. Olhe para a frente

A vida é uma estrada de mão única. Graficamente, o pensamento positivo pode ser representado por uma seta, a placa de Siga em Frente logo no início da estrada. É simples, mas o "simples" nem sempre é fácil.

> **Dicas**
>
> SE VOCÊ SE SENTIR PARALISADO. Acontece com mais freqüência do que se imagina. Sabe aquela sensação de não conseguir levantar da cama, de sequer conseguir abrir os olhos? Sentir-se paralisado é como desejar o sono profundo, na esperança – ou ilusão – de que a vida está lá fora, à sua espera. Mas ela não está. Para sair desse estado letárgico, concentre-se nas suas vontades. Lembre-se de que são elas que darão vida aos pensamentos aliados e, por conseqüência, ao pensamento positivo. Às vezes, o problema é o Medo, personagem que adora se instalar em nossos domínios bem próximo à placa de Siga em Frente. Nesse caso, lance mão de uma boa dose de coragem e olhe nos olhos da fera. Quando encaramos o medo, ele se desfaz em pó.

> **SE VOCÊ SENTIR UM DESEJO INCONTROLÁVEL DE VOLTAR E O PÂNICO SE INSTALAR.** A vontade de desistir nasce de uma série de pedrinhas que nós – ou os outros – atiramos no nosso lago. Um rebuliço de *pensamentos não aliados* e em fila toma conta da gente, como se tomasse um país. É o pânico – mistura de Medo e Dúvida. Para retomar o pensamento positivo, respire fundo e procure acalmar a mente. O pânico, quase sempre, não tem fundamento.
>
> **CUIDADO COM AS SAÚVAS.** Elas estão em toda parte. Não são venenosas, mas a picada dói um bocado. Olhe para a frente, mas veja por onde pisa. Ser positivo não significa "estar fora do ar", alheio aos formigueiros do caminho. É preciso considerá-los. Investigue o terreno e verifique a sua posição. Se o seu sonho é, por exemplo, conquistar um cargo numa multinacional, avalie o ambiente de trabalho, a chefia, a filosofia da empresa. O entorno de um desejo realizado nem sempre é perfeito.

2. Preocupe-se com o presente

Não importa a religião que você professa – Jesus foi, com certeza, um homem sábio. Em "Preocupações exageradas", Mateus 6:34, ele aconselha com maestria: "Não vos preocupeis, pois, com o dia de amanhã: o dia de amanhã terá as suas preocupações próprias. A cada dia basta o seu cuidado".

Pra muita gente, o pensamento positivo está ligado a algo no futuro. E está. Mas o futuro é filho do presente; é o hoje que vai determiná-lo. Portanto, ao longo da jornada não se distraia com as bolas de cristal que cruzarem o seu caminho. Elas são apenas fruto da suposição. O futuro é um velho desconhecido, e o destino, a verdadeira surpresa do Universo.

Dicas

Se você for do tipo saudosista. À memória o passado pertence. Você pode usá-lo, depois de catalogado, para vistoriar suas experiências pregressas, mas não se apegue ao que já passou. O pensamento positivo pode limpar o leite derramado, mas nada pode mudar o fato de que ele tenha caído. Deixe as naftalinas no limbo.

Se você for do tipo afobado. Mesmo que você adiante o relógio, não fará o tempo passar mais depressa. O tempo tem seu próprio ritmo. Acelera e desacelera ao seu bel-prazer. Ser positivo é estar em sintonia com esse ritmo, tirando proveito dele. Ao encontrar o Preocupado pelo caminho, experimente o seguinte truque: leve-o até o Planetário e peça-lhe pra contar quantas estrelas existem no céu. Na prática, quando se sentir preocupado e ansioso, acompanhe os ponteiros do relógio, segundo a segundo. Você vai aprender que o tempo anda, mas não corre – afinal, quem corre tem mais chance de tropeçar.

Colha, mas não se esqueça de plantar. Quando o assunto é se concentrar no presente, muita gente logo

> pensa na famosa frase do poeta romano Horácio (65 a.C.-27 a.C.): *Carpe diem* (colha o dia, aproveite o presente). Certíssimo. Afinal, só temos o hoje. Mas o verso de Horácio não pára por aí. Na seqüência vem: *quam minimum credula postero* (confie o mínimo no amanhã). Ser positivo é aproveitar o hoje, o que não significa ignorar completamente o amanhã.

3. *Agradeça e aprecie o que tem*

Quando se fala em pensamento positivo, a primeira coisa que vem à cabeça é "conseguir o que se quer", "alcançar objetivos" ou "realizar desejos". Poucas pessoas se dão conta da importância de agradecer pelo que já têm. Nós, de um modo geral, temos o péssimo hábito de pedir e nunca agradecer. Quantas promessas você já deixou pelo caminho, sem cumpri-las? Quantas vezes pensou em enviar um cartão de agradecimento a alguém e acabou esquecendo a idéia em uma gaveta? Agradecer faz parte de pedir. Para que o pensamento positivo funcione, você não pode cometer essa gafe com o Universo.

Outro péssimo hábito que costumamos cultivar é o descaso pelas coisas que já conquistamos. É um fenômeno gradual. Você compra um computador novo. Nos primeiros meses, morre de ciúmes dele. Quase todo dia lhe tira o pó e mantém os vãos do teclado impecáveis. No primeiro acúmulo de salgadinho, você não pensa duas vezes e vai em busca de um miniaspirador de teclado. Seis meses depois, o miniaspirador repousa no fundo de uma gaveta qualquer, o teclado está sempre sujinho e a tela, bem, na contraluz percebe-se que ela não é mais a mesma...

Muitas vezes, nossa empolgação parece ter prazo de validade. Quando esse prazo vence, tendemos a não nos importar tanto com o bem conquistado. Aprecie as coisas que você conquista e preste atenção àquelas que sofrem com seu descaso: será que você realmente as queria?

> **Dicas**
>
> **SE VOCÊ REALIZOU UM DESEJO.** Imagine-se num momento da jornada em que acaba de realizar um desejo. Encontrou a chave que abre a porta. Muito bem. Antes de entrar, porém, pare e agradeça ao Universo. Vocês trabalharam juntos para que o seu desejo se realizasse.
>
> **SE ALGO QUE VOCÊ CONQUISTOU PERDEU O VALOR.** Não pense em simplesmente substituí-lo. Tente reciclá-lo de alguma forma. Você tinha certeza de que queria um carro novo. Juntou dinheiro e comprou um. Agora resolveu que o melhor mesmo é passar uma temporada na Austrália, mas não tem dinheiro pra isso. Em vez de pensar "Maldita hora em que fui comprar esse carro", pense "Posso vendê-lo e dar início a minha poupança para a viagem", ou ainda "Posso juntar dinheiro novamente e viajar depois". De nada vai adiantar ficar maldizendo o carro, esperando que o Universo tenha pena de você e lhe compre uma passagem rumo à terra dos cangurus. O pensamento positivo não é estático: é articulador.

4. Não confunda o que você quer com aquilo de que precisa

Pode-se dizer que esse tipo de confusão é a causa primeira do consumismo. Essa lição retoma a primeira parte deste livro. É preciso avaliar suas vontades e selecionar os desejos genuínos.

Quando o assunto é esse, sempre me lembro das tias Suelen e Lucy. Elas moram numa cidade pequena, interiorana. Por lá não tem cinema, nem teatro, e as casas noturnas são raras. Quando eu era criança, ficava impressionada com a quantidade de roupas, maquiagem e perfumes que elas tinham. Costumava me divertir, experimentando tudo – de batons a perfumes, passando pelas roupas. Elas sempre se arrumavam muito, mas eu tinha a impressão de que nunca as tinha visto com todas aquelas roupas diferentes. Costureiras de mão cheia, estavam sempre à máquina, tecendo novos modelitos. Um dia, muito tempo depois, me lembro de tê-las visitado. No quarto, o armário era de fazer inveja a muita loja por aí, tamanho o estoque. A cidade, porém, continuava a mesma, e as duas quase não saíam de casa, embora os modelitos novos não parassem de brotar das velhas máquinas de costura. Hoje me pergunto se tia Suelen e tia Lucy de fato desejam mais roupas. Será que não procuram simplesmente pelo poder de escolha? Às vezes confundimos o que precisamos com aquilo que queremos, como se pedíssemos café sem xícara.

Dicas

A PRESSA É AMIGA DA CONFUSÃO. Muitas vezes, quando não conseguimos distinguir nossos verdadeiros desejos, é porque estamos com pressa. A vida agitada e as cobranças diárias nos levam a escolhas precipitadas, a achar que queremos algo que, na verdade, não queremos. Quando isso acontece, o pensamento positivo se apóia no vazio dessa incerteza. Você pode até conseguir o que pediu, mas ainda vai se sentir infeliz. Portanto, não tenha pressa para decidir o que quer. Pense, avalie e então peça. De preferência com o café dentro da xícara.

A TÉCNICA DO CADERNINHO. Quando estamos em dúvida sobre o que queremos de fato, o melhor a fazer é escrever, pôr no papel, na ponta do lápis. Você já reparou na enorme diferença que existe entre dizer uma coisa e escrevê-la? Ao falar, as palavras voam; quando escrevemos, elas vêm de carruagem. Dessa forma, fica mais fácil destrinchar os desejos com segurança. Escolha um caderno pequeno e separe-o para esse tipo de anotação. Sempre que desejar algo, anote: o quê? por quê? para quê? E vá respondendo. Não tenha pressa pra responder. Se sentiu dificuldade em alguma resposta, feche o caderno e deixe pra amanhã. Dê um prazo para destrinchar cada desejo, para que eles não caiam no limbo antes de ser analisados.

SÓ ACREDITAMOS DE VERDADE NAQUILO QUE DESEJAMOS DE VERDADE. O pensamento positivo implica conjugar verbos como "crer", "acreditar", "confiar". Mas só podemos acreditar, crer e confiar naquilo que de fato queremos. Muitas vezes, o Universo nos dá uma mãozinha, levando-nos a viajar pelo subterrâneo, a origem dos nossos sentimentos, da nossa es-

> sência. Sempre que se deparar com o subterrâneo, não fuja, não tenha medo. O autoconhecimento dá sustentação ao pensamento positivo. Vá a pé.

5. Esteja preparado para pegar rotas alternativas

Não se pode perdê-las de vista. Não existe apenas um caminho pra chegar ao seu objetivo, e, no fundo, a sua mente sabe disso. Qualquer bom estrategista tem um plano B na manga. Se você tentou e não conseguiu, experimente mudar de tática. Vamos a um exemplo prático. Milla, uma de minhas irmãs, era professora de biologia na rede de ensino do seu Estado. Era ótima profissional, mas ganhava pouco. Gostava mais do que havia estudado do que exatamente daquilo que fazia. Durante toda a faculdade tinha ouvido a mesma ladainha: deveria seguir o magistério ou a pesquisa. Por alguns anos, tentou crescer no emprego, melhorar o salário. Eu achava que os alunos – e o magistério – a faziam feliz, mas não na medida exata do que merecia.

Não tardou e o Universo lhe deu um toque, uma nova proposta de trabalho, que, aparentemente, nada tinha a ver com sua carreira: editar livros didáticos de biologia.

Lembro que, na época, ela bradava:

– Como vou editar qualquer coisa, se nunca fiz um curso nessa área? Eu sou professora de biologia, e não editora de livros!

Durante alguns meses, Milla ficou nessa indecisão, até que certo dia alguém lhe perguntou:

– Quem foi mesmo que lhe disse que você deveria seguir o magistério ou a pesquisa?

Ela não se lembrava.

Falo muito pouco com Milla. Ela mora do outro lado do oceano, mas sei que hoje é editora-chefe de uma grande editora de livros de saúde e bem-estar.

6. *Permita-se chorar*

Ser positivo não é viver em um mar de rosas brancas, sorrindo para o que der e vier. Às vezes, as coisas realmente não dão certo na primeira vez, não dão certo na segunda, nem na terceira. E tudo o que conseguimos fazer é chorar. Não se culpe. Não nos daríamos lágrimas se não fosse permitido chorar. O choro ajuda a descarregar o sentimento de frustração e renova a mente para o próximo passo.

Dicas

Não se deixe afogar nas próprias lágrimas. Chorar é bom. Mas, como tudo na vida, existe um limite. Não se entregue ao choro como se ele fosse a sua tábua de salvação. Ser positivo requer coragem para dizer: "Muito bem. Agora chega. Vamos em frente". Assoe o nariz, lave o rosto e aproveite a enorme lagoa que se formou para nadar em direção à margem.

Retome a reflexão sobre o que você quer. Às vezes, o Universo não conspira a nosso favor; é a maneira que ele encontra para nos dar um toque de que é hora de mudar a rota, por exemplo. Mas não saia desistindo de seus objetivos simplesmente porque é a terceira vez que você chora por eles. Esse tipo de decisão – mudar a rota, desistir de um caminho – precisa levar em conta alguns fatores:

- **Os avisos do Universo** – Quantas vezes você já tentou e não conseguiu?
- **A sua auto-avaliação** – Será que você traçou a melhor estratégia? Por que não deu certo?
- **Revisão dos desejos** – Por que você está em busca disso mesmo?

7. Não responsabilize os outros por suas perdas

Para mascarar uma falta de estratégia, muita gente põe a culpa nos outros quando alguma coisa sai errado. Ser positivo é ser sincero consigo: se você errou, assuma o erro. Quando assumimos nossas falhas, ganhamos uma nova oportunidade, que não nos seria oferecida se ficássemos escondidos debaixo da mesa.

Dicas

ASSUMINDO OS PRÓPRIOS ERROS. Tarefa nem sempre fácil. É preciso treinar. Ao assumir um erro, temos medo de ser repreendidos ou censurados. Pense, porém, no alívio que sentimos na mente e no coração um tempo depois – às vezes minutos – de ter dito "Eu errei". É impressionante como a maioria esmagadora das pessoas – até mesmo as mais duras e insensíveis – baixa a guarda ao ouvir essa frase.

A OPORTUNIDADE NA PERDA. O médico e bacteriologista Alexander Fleming (1881-1955) teve de perder uma de suas culturas de bactérias para descobrir a penicilina. Médico militar durante a Primeira Guerra Mundial, Fleming tinha ficado impressionado com o poder daqueles minúsculos seres, responsáveis por muitas infecções fatais. Os soldados eram feridos e, na falta de um medicamento capaz de impedir a proliferação de bactérias, acabavam morrendo.

Quando a guerra acabou, o médico passou a pesquisar incessantemente uma maneira de acabar com esses microorganismos. Contam que seu laboratório era uma verdadeira colônia de bactérias. Não à toa: Fleming precisava observá-las de perto e, por isso, dava aos microorganismos todas as condições para procriar. Certo dia, porém, descobriu que uma de suas culturas prediletas – uma comunidade de estafilococos – estava embolorada. O médico ficou bastante chateado, afinal supõe-se que não era fácil criar bactérias... O bolor, provocado por um fungo, crescia a olhos vistos. Antes de jogar a cultura fora, porém, Fleming resolveu examiná-la de perto. E então, naquela perda lastimável, brotava a oportunidade. O médico notou que boa parte das bactérias estava morta – o fungo as havia exterminado. Fleming descobria, nesse momento, a penicilina, precursora dos antibióticos modernos.

Portanto, quando achar que perdeu, concentre-se em três premissas básicas:

- Não culpe os outros; ainda que alguém tenha alguma responsabilidade nisso além de você, de nada vai adiantar procurar culpados. A vida não é um banco de réus.
- Se você errou na estratégia, assuma o erro.
- Observe a perda de perto. Se Fleming tivesse jogado a cultura de bactérias contaminada fora e tentado apenas esquecer o dissabor, não teria descoberto a penicilina. Pode ser mais um aviso do Universo.

8. Trabalhe. Depois do horário, se preciso

Não existe pensamento positivo que sobreviva à falta de garra. Mesmo que você deseje com toda a sua força, provavelmente não sairá do lugar se não trabalhar duro para conseguir o que quer. De nada adianta passar o fim de semana mirabolando planos sobre como montar o próprio negócio, fazer aquela viagem ao exterior ou encontrar um grande amor se, na segunda-feira, você deixar de ser o super-homem – ou a super-mulher – imaginário pra continuar na mesmice do "fazer o mínimo". Trabalhe para pôr os seus planos em prática.

Dicas

SE EU TIVESSE, SE EU GANHASSE, SE EU... O subjuntivo costuma finalizar as lindas histórias de quem quer, mas não vai à luta. Se eu tivesse dinheiro, se eu ganhasse na loteria, se eu fosse mais magra... Sempre tem um "se" para pôr ponto final na idéia. Portanto, para exercitar o pensamento positivo, esqueça o subjuntivo. Trabalhe com foco no que você quer.

NÃO DÊ OUVIDOS AOS "VERANISTAS DE PLANTÃO". Para eles, a vida acontece apenas nos feriados prolongados. Não abrem mão sequer de um fim de semana; vão a todos os shows, festas e afins. Nenhum problema até aqui, a não ser pelo fato de que, quando não estão se divertindo, estão criticando o trabalho, a vida profissional que levam ou a falta de perspectiva que se *abate* sobre eles. Os veranistas de plantão sempre acham que os outros trabalham demais, que a missão deles é "resgatá-los" dessa vida. Afinal, o trabalho serve apenas para o pão de cada dia; todo o resto é uma questão de sorte. Desfrute da companhia agradável desses veranistas, mas não se deixe levar por eles. Se achar que precisa esticar o horário para chegar a um objetivo, não hesite. A praia e o bar não sairão do lugar.

SEJA PONDERADO. Não se deixar levar pelos veranistas de plantão não significa que você deva se tornar um "ermitão do trabalho", fechado entre quatro paredes, com o nariz na tela do computador. A mente precisa de refresco para operar com sabedoria e destreza. Passeie, viaje, saia com os amigos, pratique um esporte ou desenhe. Um dos conselhos mais sábios que já ouvi veio de um professor de óptica, durante o curso preparatório para entrar na universidade. Era um homem baixo, de origem nipônica. Entrava na sala de aula às 7 da manhã aceleradamente, como se estivesse disputando uma maratona. Chamava-se Toshio: era o único professor que usava jaleco branco e uma espécie de batuta, comprida, maior do que ele, que servia para apontar os olhos míopes e hipermetropes que desenhava previamente. Todos o viam como o perfeito "caxias". Não deixava ninguém desviar os olhos da lousa. Até que um dia, ao ensinar que os músculos dos olhos se contraem quando enxergamos de perto, ele concluiu: "Os músculos relaxam quando olhamos ao longe; por isso, de vez em quando, se estiverem cansados, olhem pela janela". A classe gargalhou. Afinal, ele era a última pessoa de quem se podia esperar um comando de descanso. Mais tarde, porém, compreendi a sabedoria daquele baixinho: mesmo que você trabalhe muito, vai precisar olhar pela janela, ao longe; mudar o foco relaxa os músculos dos olhos – e a mente.

9. Valorize as pequenas conquistas

Um de nossos grandes erros é não enxergar, ou não valorizar, as pequenas conquistas. Muitos objetivos não são alcançados numa única tacada. Para construir uma casa, por exemplo, primeiro se faz o alicerce; em seguida, erguem-se as paredes; e só então vem o telhado. Ser positivo é saber trabalhar em etapas, valorizando as pequenas conquistas.

Dicas

SEJA PACIENTE. As pequenas conquistas mostram que as próximas estão a caminho. É como fumaça e fogo. Se você teve um pequeno êxito, faça dele um degrau. Não espere chegar ao topo da escada sem ter passado pelo meio. A paciência está entre um degrau e outro. Continue subindo.

NÃO GUARDE AS PEQUENAS CONQUISTAS NA GAVETA. Esse tipo de atitude é causado pelo sentimento de frustração imediato, que, com freqüência, toma conta de nós quando esperamos por A e nos deparamos com B. O primeiro impulso é desdenhar do feito, alegando que "não era bem isso o que eu queria". Antes de terminar a frase e fechar a gaveta, dê uma olhada no que você conquistou. Ser positivo também consiste em descobrir possibilidades onde você menos espera, muitas vezes em algo oposto àquilo que deseja.

10. Procure enxergar além

Retome a lista de desejos que você fez quando começou a ler este livro. Escolha qualquer um deles. Ao pensar no que é preciso para realizá-lo, qual é a primeira coisa que passa pela sua cabeça? Provavelmente, as dificuldades e toda sorte de personagens, como a Dúvida, o Preocupado e o Medo. É isso que acontece com todos nós, pelo menos enquanto ainda não estamos treinados para pensar positivo com sabedoria.

Agora que você chegou à décima lição, é hora de aprender a enxergar além. Ser positivo não significa deixar de ver as adversidades, mas sim ver além delas. Figuradamente, é vislumbrar a estrada florida que se esconde atrás da montanha. Na prática, é enxergar, por exemplo, uma carreira promissora num simples estágio por hora mal remunerado, e, assim, trabalhar a valer pra conquistar uma vaga melhor, em vez de "bater o ponto em ponto".

Dicas

EXERCITE A IMAGINAÇÃO. Se você se deparasse com uma montanha e alguém lhe perguntasse "O que você acha que tem atrás dela?", com certeza a sua primeira reação seria *imaginar*. Portanto, quando estiver diante de uma adversidade ou de uma situação próxima ao seu desejo, tente imaginar o que pode haver atrás delas. É investigando que encontramos o caminho para ser positivo, para pensar além dos fatos.

LIVRE-SE DA CAVERNA DE PLATÃO. Segundo o mito descrito pelo filósofo grego Platão em sua obra *A República*, um grupo de pessoas nasceu numa caverna escura, separada do mundo exterior por um muro bem alto. Acorrentadas e de costas para a entrada da caverna, nunca saíram dela, e tudo o que vislumbram são sombras que se projetam na parede em frente a eles — resultado de uma fogueira acesa lá fora e cuja luz adentra a caverna por uma pequena abertura. Para essas pessoas que estão na caverna, as sombras são o mundo. Certo dia, um deles consegue escapar dali, escala o muro e, após alguns instantes em que é ofuscado pela grande luminosidade do Sol, descobre que o mundo real está lá fora, incluindo os seres e as coisas que produziam as sombras que ele via na parede da caverna.

Livrar-se da caverna de Platão é enxergar além do muro. Ser positivo é querer sair da caverna.

Encontrar a chave que se encaixa na fechadura é o primeiro passo pra abrir a porta. No entanto, nem sempre conseguimos girar a chave; temos a impressão de que somos sumariamente impedidos de fazê-lo. Às vezes, nos culpamos por isso; às vezes, culpamos os outros. Para muitos mestres espirituais e gurus, o problema está nas frases negativas que pronunciamos, como se elas fossem poderosas poções do mal.

A verdade, porém, é que fugir do inimigo não ajuda a enfrentá-lo, muito menos a derrotá-lo. É preciso encarar o pensamento negativo, conhecê-lo a fundo. Todo veneno tem seu antídoto.

Parte III
Encare o pensamento negativo

Para muita gente, palavras positivas produzem pensamentos positivos, ao passo que palavras negativas dão origem a pensamentos negativos. Embora à primeira vista isso pareça uma verdade irrefutável, não se iluda. A mente não é simplista. Segundo os cientistas, a transmissão de informações no cérebro funciona principalmente por meio das sinapses, pequenas "pontes" que ligam um neurônio ao outro. A mente trabalha com associações: uma palavra é capaz de trazer um sentimento, um perfume, uma cena, ou, ao contrário, um objeto pode fazer brotar uma palavra, uma sensação. No entanto, o caminho não é linear.

Recentemente, pesquisadores de Bohn, na Alemanha, descobriram que esse processo não é, como eles chamam, unidirecional, de um neurônio a outro. Ao contrário, é difuso, caótico. Imagine uma sinapse como uma ponte de Monet (1840-1926), pintor impressionista. Se você a atravessasse, veria a paisagem dos dois lados, além do rio embaixo, do céu em cima. Ao passar de um neurônio a outro, é como se o impulso nervoso fosse captando o que existe à sua volta, associando imagens, sentimentos, palavras, sensações.

Para compor uma idéia ou um conceito, milhares de sinapses acontecem. Nossa mente pode ser comparada a uma imensa tigela em que se prepara a massa de um bolo. Separadamente, farinha, ovos, manteiga e chocolate são apenas ingredientes e não se parecem em nada com um bolo. Associados, ganharão a forma que o confeiteiro lhes quiser dar.

Você pode fazer o que quiser com as palavras e com os pensamentos. Basta associá-los com sabedoria. É dessa maneira que palavras como "não", "jamais" e "nunca" podem formar sentenças absolutamente positivas e otimistas. Você não tem que evitar o *negativo*. Tem, sim, de encará-lo, para que não se transforme em *negatividade*. Para que o bolo não desande.

Negativo versus *negatividade*

Não há dúvida de que o *negativo* existe. Sem ele, não poderíamos fazer nossas escolhas, aceitar ou recusar algo. Mas também é verdade que podemos escolher algo positivo com palavras ou expressões negativas: "Não vou mais deixar a luz acesa se não a estiver usando", "Não vou deixar de ir à sua festa", "Não quero mais brigar com você". São negativas que levam a positivas. Mesmo frases como "Não vou conseguir", "Não vou chegar lá" e "Não sou capaz" não têm, em princípio, o poder negativo que a fama costuma lhes dar. Um "não" da boca pra fora tem tanta força quanto um "sim" da boca pra fora, ou seja, nenhuma.

Numa analogia simples, o negativo é um átomo de hidrogênio no laboratório. Pode virar água ou ácido, conforme o desejo do cientista. Na prática, você não pode negar o negativo, mas pode controlar o seu comportamento. Fugir de um "não" ou de um "jamais" implica deixá-lo livre pra se combinar como quiser, com quem quiser. Se o confeiteiro não avalia a qualidade e o potencial de seus ovos, corre o risco de adicionar um ovo podre à receita. O ovo podre é o negativo, mas ele não fará mal ao bolo se não for adicionado à massa.

Vamos supor que você brigou com um amigo e lhe disse coisas "muito negativas", como "Não quero mais sua amizade", "Não gosto de você", "Você faz tudo errado". Depois da briga, se você encarar as frases que disse e rever os motivos da briga, o afeto que sempre teve por aquela pessoa, vai acabar descartando-as uma a uma, até fazer as pazes com seu amigo. Se, ao contrário, você deixar tudo como está, não pensar mais no que disse e, assim, não falar mais com seu amigo, com certeza estará remoendo essas – e outras – frases da discussão, cultivando-as, adicionando-as à massa. A isso chamo *negatividade*.

Ao longo da jornada em busca da realização dos nossos desejos, a negatividade nos espreita na forma de arquétipos: o Mau Humor, a Raiva, o Rancor, a Inveja e a Preguiça, que você conheceu na Parte II deste livro, são alguns deles, e você pode cruzar com eles, encontrá-los a qualquer momento. Dispostos a atravancar os nossos sonhos, todos têm suas artimanhas e costumam lançar fagulhas com potencial para causar verdadeiros incêndios. Quando não conseguem espalhar o fogo como desejam, fazem alianças com os arquétipos da imobilidade. Veja algumas das alianças mais perigosas e as táticas para coibi-las.

O Rancor e o Resignado. Quando o Rancor se alia ao Resignado, o objetivo é persuadi-lo de que o primeiro é a razão do segundo, sedimentando os ressentimentos, até transformá-los em montanhas sufocantes de negatividade.

> **Tática:**
> Não guarde mágoas de ninguém. O único prejudicado será você.

A Preguiça e a Dúvida. A primeira é tudo de que a segunda precisa pra fazer a vida de qualquer um atolar. É a Preguiça que nos faz optar pela atitude mais negativa, quando podíamos optar pela mais positiva.

> **Tática:**
> Não deixe que suas dúvidas perdurem por muito tempo. Procure resolvê-las. Se você tem dificuldade nesse sentido, recorra às listas. Pegue um papel e escreva cada uma de suas dúvidas, não se esquecendo de listar todos os prós e contras de cada decisão. Quando enxergamos o todo, fica mais fácil escolher. Ninguém se decide por uma camisa ou outra vendo apenas as mangas.

A Inveja e o Medo. A Inveja nos leva a pensar que só os outros conseguem de fato o que querem e o que nós queremos, certo? Temos ainda a chance de acreditar que também somos capazes de conquistar, tal como conseguiram os invejados. Associada ao Medo, porém, a Inveja nos tira essa possibilidade, deixando terreno ainda mais fértil para a negatividade.

> **Tática:**
> Encare o Medo primeiro. Quando desmascarar suas teorias infundadas, ficará mais fácil lutar contra a Inveja.

O Mau Humor e o Cético. Como os dois estão em toda parte, tornam-se facilmente aliados. O Mau Humor aplaude a falta de projetos e desejos do Cético, afinal "nada vai dar certo mesmo, bem faz ele em não acreditar". Com isso, acumulam-se pilhas de indiferença, um tipo de negatividade que assassina os sonhos antes que eles nasçam.

> **Tática:**
> Regra número um: sorria. O Mau Humor tem alergia a sorrisos. Com ele bem longe, não haverá aliança que resista. Quanto ao Cético, use o princípio da vacina, descrito no antídoto contra a indiferença (veja pág. 56).

A Raiva e o Preocupado. Apesar da aliança, a Raiva não suporta as listas que o Preocupado faz. Concentre-se nessas listas, ou seja, separe o que realmente é preocupante daquilo que é apenas bobagem. Quando se der conta, a Raiva já terá ido embora.

Cuidado: a negatividade se constrói

A negatividade é complexa, capciosa e dissimulada. Cresce rapidamente e nos invade pelas entranhas, minando aos poucos nossas estruturas. Segue por caminhos labirínticos, tentando, muitas vezes, nos ludibriar, fazendo-se passar por nossa consciência: "Você está certo em ficar com raiva! Olha só o que ele fez", "Se eu fosse você, não perdoava. Onde já se viu uma coisa dessas?", "Tem coisas que não podemos esquecer", e assim por diante.

Cuidado com essas ciladas da mente. Fique atento às palavras, às suposições, às distorções e ao auto-engano. Eles podem construir a negatividade.

Das palavras

Sozinhas, elas pouco podem, mas, quando se juntam, são capazes de derrubar ou empossar governos. Bem usadas, conquistam, desprezam, somam, multiplicam e dividem. No caso das negativas, não estragam o bolo se não forem à massa. Com as positivas, ocorre o inverso: caso o confeiteiro não use os ingredientes certos ou não acredite na sua receita, o bolo corre o risco de não crescer.

Na construção da negatividade, as palavras se aliam para formar conceitos. E não pense que basta vistoriar apenas aquelas com maior potencial negativo. Todas as palavras podem contribuir para a negatividade se não forem domadas.

Na prática:

Não se descuide das orações. As orações seguem o princípio da associação. Verbos, adjetivos, substantivos, artigos, preposições etc. se associam para compor idéias e conceitos, positividades ou negatividades. Cabe a você associá-las com sabedoria. Não à toa, o nome "oração" também designa a prece que se faz a Deus ou a um deus, a uma entidade, ao Universo. Daí conclui-se o tamanho de sua importância.

Tome cuidado com os adjetivos. Eles estão ligados às qualidades, aos elogios, mas também se relacionam com os julgamentos. Um julgamento, como "Isso está certo" ou "Isso está errado", pode plantar a semente da negatividade.

> **PRESTE ATENÇÃO AOS VERBOS.** Podemos dividi-los aqui em *verbos de ação* (agir, fazer, correr, ir etc.), *verbos de estado* (estar, permanecer, ficar etc.) e *verbos de retração* (voltar, regredir, retroceder etc.). Fique atento à sua complementação. Você pode correr *atrás*, estar *alegre* ou voltar *a lutar*. Mas também pode correr *para trás*, estar *triste* ou voltar *ao ponto morto*.

DAS SUPOSIÇÕES

Quando não conhecemos um fato ou uma pessoa, temos a tendência a fazer suposições. Das suposições nascem muitas idéias equivocadas, capazes de plantar sementes de negatividade. Na clássica peça *Otelo*, de Shakespeare, por exemplo, Iago leva Otelo a todas as suposições possíveis para fazê-lo pensar que Desdêmona estava tendo um caso com Cássio. A trama funciona, e Otelo termina por matar Desdêmona, considerando-a injustamente infiel.

Para escapar às suposições, é preciso, primeiro, reconhecê-las como tal. Separe-as dos fatos reais e comprovados, e não deixe que acumulem. Elas podem sufocá-lo.

Em seguida, encare uma a uma.

> **Na prática:**
> Você viu um colega de trabalho conversando com o chefe depois do expediente. A conversa lhe pareceu animada, e por um instante você os ouviu pronunciar seu nome. Primeira suposição: estão rindo à minha custa. Segunda suposição: estão tramando algo contra

> mim. Pronto. Nesse caso, bastam duas suposições pra que você comece a alimentar algum tipo de negatividade contra o chefe, o colega ou você mesmo.
>
> Quando isso acontecer, experimente usar seu lado pesquisador: cheque cada uma das suas suposições – hipóteses – com imparcialidade. Na maior parte das vezes, elas são falsas, e o chefe e seu colega só estavam elogiando o seu trabalho.

Das distorções

Acontece diariamente. Distorcemos fatos, palavras e atitudes. Tal como acontece com as suposições, as distorções podem gerar idéias equivocadas e semear a negatividade. A diferença entre uma e outra está na certeza. Enquanto as suposições ainda são acompanhadas pela Dúvida, as distorções já nascem seguras de si mesmas.

> **Na prática:**
> Alguém diz A e você entende B, ou prefere entender B. É mais ou menos assim que funcionam as distorções. Para não cair nessa armadilha, ouça com atenção, mesmo que não concorde. As distorções têm o poder de reforçar idéias preconcebidas, levar à indiferença e ao pessimismo. Portanto, ouça e, se preciso, ouça novamente.

Do auto-engano

Mentir para si mesmo. É nisso que consiste o auto-engano. Jean-Paul Sartre (1905-1980) o chamou de má-fé. Segundo o filósofo francês, mentimos para nós mesmos porque queremos fingir que não somos livres para fazer nossas próprias escolhas, afinal é mais fácil acreditar que o destino, a sorte ou a providência divina podem fazê-las por nós.

Cultivar o auto-engano, ou a má-fé, é fugir da angústia que sentimos quando percebemos que nosso futuro depende tão-somente das nossas escolhas. É, no fundo, fugir da responsabilidade que temos sobre os nossos desejos e cultivar a idéia – a negatividade – de que não precisamos, de fato, tê-los.

> **Na prática:**
> Não existe um plano traçado para você cumprir na Terra. Estamos todos neste mundo com o propósito de ser felizes, de buscar essa felicidade na realização dos nossos desejos. Tudo que sua mente é capaz de pensar você é capaz de fazer. É natural que você se sinta como o cosmonauta soviético Yuri Gagarin (1934-1968) ao avistar a Terra do espaço: imerso num misto de assombro e alegria. Mas acredite: a Terra é *realmente* azul.

Para cada negatividade, há sempre um meio de exterminá-la ou, melhor, de impedir que ela se instale. A seguir, conheça as 10 negatividades e seus antídotos.

Parte IV
10 negatividades e seus antídotos

1. Ódio

Muitas vezes apresentado pela Raiva, o ódio é implacável com o pensamento positivo. Ao odiar alguém ou alguma coisa, não lhe sobra tempo – tampouco energia – para buscar os próprios objetivos. O ódio consome nossas expectativas e não nos deixa avançar.

> **Antídoto:**
> Não se apegue à Raiva. Encare-a como se encarasse o leão na jaula. Vire as costas e vá em frente. Se o ódio já tiver se instalado, apele para uma limpeza de espírito. Reflita sobre o que o fez nutrir esse tipo de sentimento e pense na pessoa ou coisa odiada como se ela fosse um bebê. Quando nos dispomos a ter uma conversa franca com sentimentos desse tipo, costumamos descobrir que, no fundo, eles são frágeis, apenas besouros disfarçados de hipopótamos.

2. Vingança

Costuma ser acompanhada pelo Rancor. As negatividades são poderosas por isso: tornam-se grandes aliadas. Não caia nessa arapuca. Tal como o ódio, a vingança tem o dom de nos manter estagnados, embora tenhamos a impressão de que ela é uma mola propulsora.

> **Antídoto:**
> Pense no alvo da sua vingança. Em seguida, pense no porquê desse desejo. Vamos supor que alguém o passou pra trás no emprego e, agora, você tem a oportunidade de apontar um erro dessa pessoa, vingando-se. Procure enxergar a situação de fora: de longe é possível ver as coisas com imparcialidade. Em vez de apontar o erro do colega, concentre-se em fazer o seu melhor, na sua função. Você ganha quando luta por você, e não quando luta contra alguém.
> Para se desfazer desse tipo de negatividade, vá moendo cada pedacinho do desejo de vingança aos poucos. Tal como nasceu, ele morrerá.

3. Autopiedade

Perigosa, muitas vezes é confundida com a humildade, mas pode carregar boa dose de egocentrismo. Esse tipo de negatividade nos leva a ter pena de nós mesmos porque passamos a nos julgar reféns do destino, abandonados à sorte. Passamos o dia a repetir que ninguém nos entende, ninguém nos ama e, portanto, não há nada que possamos fazer mesmo. No fundo, clamamos por atenção, como se fôssemos o centro do Universo, e tudo o que tivéssemos a fazer fosse esperar, sentadinhos, comportados, pelos favores dos deuses. Afinal, somos vítimas. Em meio à autopiedade, não se pode ser positivo. As vítimas esperam, não fazem.

> **Antídoto:**
> Olhe bem pra você e considere suas qualidades. Pergunte-se: por que estou com pena de mim? Por que me sinto tão infeliz, desditoso, desventurado? Você vai perceber que, em boa parte das respostas, *os outros* são o problema. Pois é aí que mora o veneno. Os outros não são o problema. O problema é o que você faz deles. Em vez de esperar que alguém faça algo por você, vá à luta e faça você mesmo.

4. *Vergonha*

Tímida, a princípio não tem o menor jeito de negatividade. No entanto, quando "bem nutrida" torna-se vilã dos nossos sonhos e desejos. A vergonha nos rouba as oportunidades, não nos deixa subir sequer o primeiro degrau.

> **Antídoto:**
> Livrar-se da vergonha é achar-se capaz de acertar. Mais do que isso: é estar tranqüilo para errar. Quando se sentir envergonhado, tenha em mente que os melhores e mais fortes acertos costumam nascer de um erro. Eliminar a vergonha é uma questão de treino. Nas primeiras tentativas, você vai se sentir, digamos, um pouco "desajeitado". Mas não desanime. Tire os olhos da platéia e faça o *seu* show. Você sabe, você pode. Ou não estaria aqui.

5. Intolerância

Somos intolerantes com os outros, com nós mesmos, com os fatos. Quando tomados pela intolerância, ficamos incapazes de enxergar além do muro, porque tudo nos parece insuportável, intolerável. Desse modo, os outros, os fatos, nós mesmos e tudo o mais que não toleramos se transformam em obstáculos insuperáveis.

> **Antídoto:**
> Estimule a sua capacidade de perdoar. Não tenha medo, vergonha ou receio de perdoar as suas faltas ou as faltas alheias. Muitas vezes, o que julgamos intolerável é apenas um cisco nos olhos. Tire o cisco e olhe de novo. O incômodo terá passado.

6. Preconceito

Costuma se arraigar com força e tem o péssimo hábito de dizer que não está ali. Inimigo das grandes oportunidades, pode levar à falência qualquer plano. Como toda negatividade, o preconceito é uma idéia cultivada, capaz de nos levar à bancarrota em segundos. Funciona como um *software* de computador, programado para dar as mesmas respostas diante de perguntas semelhantes. Na prática, vamos supor que você seja homem e descubra que acaba de conquistar uma vaga na qual terá como chefe uma mulher. Se o seu ser estiver tomado por esse tipo de negatividade, automaticamente vai responder com desdém, vai fazê-lo "pensar duas vezes" no emprego e até levá-lo a questionar a seriedade dessa empresa. Sim, o preconceito mora no país dos absurdos e não se dirige apenas às pessoas. O preconceito atinge fatos, idéias, modo de vida, situações e atitudes.

> **Antídoto:**
> Abra os olhos. Investigue, admita quando não sabe nada a respeito, mesmo que saiba alguma coisa, e pesquise, escute. Veja a situação por ângulos diferentes. Se ficar difícil, imagine-se como uma criança descobrindo o mundo. Acredite: você não conhece o mundo como acha que conhece.

7. Indiferença

Costuma ser apresentada pelos arquétipos da imobilidade. Aos poucos, ela o fará cultivar a idéia de que nada tem importância, e, quando nada tem importância, o pensamento positivo é simplesmente anulado. As pessoas tomadas pela indiferença estão sentadas na beira da estrada, enquanto as outras seguem seu caminho. De vez em quando, elas levantam os olhos e murmuram: "Pra mim, tanto faz se a água corre pra baixo ou se corre pra cima". Alheias ao Universo, não participam da jornada e, devagar e cruelmente, assassinam os próprios sonhos.

> **Antídoto:**
> Existem muitas maneiras de lidar com a indiferença e afastá-la dos seus domínios. Uma delas consiste em

> usar o que chamo *princípio da vacina*. Em geral, as vacinas são produzidas com os próprios agentes patogênicos, ou seja, para combater determinado vírus, usa-se o próprio vírus – enfraquecido, claro. Ele faz com que o organismo prepare um exército de anticorpos. O vírus enfraquecido morre, mas o corpo permanece protegido contra um eventual ataque mais sério. Para se afastar da indiferença, fique indiferente a ela. Quando ela de fato resolver atacar, você já saberá como resistir: usando a mesma arma do inimigo. Caso você já esteja tomado por essa negatividade, sentadinho à beira do caminho, tente pegar uma carona. Procure pela família, um amigo, o companheiro ou companheira – alguém capaz de tirá-lo dali e fazê-lo ver, novamente, que a vida é mais do que o rastro de poeira deixado *pelos outros*.

8. Remorso

Diferentemente do arrependimento, o remorso não oferece opções positivas. Quem se arrepende de um erro pode tentar consertá-lo. O arrependimento significa, portanto, o início de uma atitude positiva. O remorso, ao contrário, constitui uma negatividade, pois gera um círculo vicioso. A pessoa com remorso não consegue se livrar da culpa que sente, não consegue sequer se arrepender de fato e, por isso, muitas vezes passa a se autoflagelar. Capaz de minar o amor-próprio, o remorso aniquila qualquer fagulha de positividade.

> **Antídoto:**
> Se você errou, assuma o seu erro e não tenha medo de se arrepender. Se deixou de fazer algo por alguém, vá lá e faça. O maior medo de quem sente remorso é ser repreendido por sua falta ao assumi-lo. No entanto, por maior ou mais grave que seja o erro, nenhuma censura ou repreensão será pior do que conviver com ele. Existe um velho ditado popular que minha mãe vivia repetindo quando eu era criança: "Antes ficar vermelho por cinco minutos do que amarelo pelo resto da vida".

9. Frustração

Todos nós fracassamos. Nessas ocasiões, tome cuidado com o Mau Humor. Ele pode incitá-lo a cultivar suas frustrações como ervas daninhas. Longe do Mau Humor, use suas frustrações para amadurecer, para mudar de rota, para tentar de novo. Não deixe que elas tomem o jardim e sufoquem as flores.

> **Antídoto:**
> Ao se frustrar com alguém ou alguma coisa, faça uma auto-avaliação de suas atitudes, do caminho percorrido até ali. Você terá duas alternativas: tentar de novo ou se adaptar. Na opção "tentar de novo", procure pelo que deu errado. Às vezes jogamos mal, nos pre-

> cipitamos. É importante tentar de novo com consciência, e não apenas pelo método da tentativa e erro. Avalie com honestidade; lembre-se de destrinchar o seu desejo. A opção "se adaptar" não significa "se acomodar". Ser positivo é também saber se adaptar a novas situações. Afinal, mesmo que você não queira, pode chover a cântaros durante suas férias na praia. E então? Você se diverte ou volta pra casa?

10. Pessimismo

As pessoas tomadas por esse tipo de negatividade se tornam, automaticamente, incapazes de pensar positivo, mesmo que tudo conspire a favor de seu sucesso. Costumam culpar os outros pelos seus fracassos e detestam fazer planos, afinal nenhum dará certo, e o pior está vindo a galope. Fique de olhos bem abertos quando avistar a Inveja. No fundo, o pessimista inveja o otimista; por isso, o critica tanto.

> **Antídoto:**
> Pegue uma folha de papel e liste o lado negativo de todas as coisas à sua volta. Se você estiver tomado pelo pessimismo, a lista ficará pronta em minutos. Agora, avalie o que escreveu. Faça de conta que cada item da lista representa uma moeda. Se você está vendo cara, do outro lado, com certeza, está a coroa. Aos poucos, você vai aprender que pode virar a moeda e ver o outro lado das coisas. É o primeiro passo para

> ser positivo. Afinal, nada pode ser tão ruim se não puder ser tão bom, ou seja, a *bonança* só é *bonança* porque veio depois da *tempestade*. Repita esse exercício durante uma semana, todos os dias. O otimismo é contagiante; basta virar a moeda.

Para lutar contra a negatividade, apóie-se ainda nos arquétipos da positividade. Eles podem ajudá-lo a encontrar aquilo que chamo *atalhos do bem*. Alie-se à Confiança para espantar a vergonha. Apegue-se ao Desprendimento para deixar para trás o remorso. Não hesite em lançar mão da Alegria quando se deparar com a frustração. A Determinação pode ser seu salvo-conduto para se livrar da intolerância. Use o Visionário para sair da masmorra do pessimismo. Cultive, enfim, a positividade.

E não se esqueça de compartilhá-la com quem está do lado. Quanto mais você estiver cercado de pessoas positivas, mais fácil ficará *ser positivo*. Não encare o pensamento positivo apenas como algo bom pra você. O Universo conspira a favor do equilíbrio dessa enorme nave chamada mundo. Você não está sozinho nessa jornada.

Enfim, o equilíbrio

Não seja simplista. Meia dúzia de palavras negativas ou positivas não são capazes de mudar o mundo sozinhas. O bolo não desanda se o confeiteiro for cuidadoso e zelar pela sua receita. A chave que abre a porta é aquela que você gira quando pensa positivo com sabedoria e luta estrategicamente contra as negatividades. *Você* é o mentor dessa jornada em busca dos seus objetivos. Ser positivo é ser autônomo, exercer o livre-arbítrio.

No início deste livro, você viu o exemplo do jogo de futebol. Centenas de pessoas torcendo pelo seu time, para que a bola entre no gol. Ela não entra. Afinal, ser positivo funciona?

Ser positivo não é ser mágico, não é tirar da cartola os coelhinhos coloridos depois de um abracadabra. O Universo é sábio. Opera segundo as leis do equilíbrio. Quando a bola do seu time não entrou no gol, a outra metade do estádio vibrou. Muitas vezes, o "não" de um é o "sim" do outro, e você acaba de ser convidado para o próximo jogo, para torcer novamente pelo seu time.

Ser positivo é estar consciente desse equilíbrio. É saber ganhar e saber perder. É vislumbrar as oportunidades e não ter medo de seguir seu rastro. É ter paciência para perder a batalha e grandeza de espírito para vencer a guerra. É não se intimidar, não se desesperar. É saber a hora de agir e a de recuar. É nadar a favor da correnteza para chegar à margem com segurança. É ir a pé quando não se pode ir de carro. É esperar o furacão passar. É abandonar o que não serve mais, esquecer o que precisa ser esquecido e se lembrar do que precisa ser lembrado. É saber fazer fogo a partir de uma só fagulha. É ter consciência do próprio poder de escolha. É esquecer a sorte pra se surpreender com o destino. É abandonar a má-fé sartriana. É acreditar que a Terra é azul.

Quando somos realmente positivos, não precisamos nos preocupar com o amanhã porque o hoje nos basta. É, no entanto, aproveitar o presente sem se esquecer do futuro.

Ser positivo é estar ciente dos próprios desejos, é destrinchá-los com sabedoria para, em seguida, agir estrategicamente, em comunhão com o Universo. É olhar nos olhos da fera e transformar o medo em pó. É olhar nos olhos da fera e saber que não se deve entrar na jaula. É enxergar as saúvas e avaliar o terreno.

Ser positivo é agradecer pelo que se tem para articular meios de se obter o que não se tem. É não confundir o "querer" com o "precisar". É não ter pressa pra escolher. É estar preparado para rotas alternativas. É saber chorar sem se afogar nas próprias lágrimas. É usar o pranto pra nadar em frente. É assumir os próprios erros e não se martirizar por eles. Como o sim e o não, o acerto não teria o mesmo sabor na falta do erro. É enxergar a saída na derrota, é trabalhar, é ter garra. É, contudo, ponderar. Olhar ao longe se estiver cansado.

Não há pensamento positivo que sobreviva à ingratidão. Portanto, não se esqueça de valorizar as pequenas conquistas e, ao mesmo tempo, enxergá-las como degraus da sua escalada.

Ser positivo é ter paciência e tranquilidade para observar a montanha. É enxergar a estrada florida que está por trás dela. É caminhar até ela, em vez de esperar que ela saia do lugar e venha saudá-lo. Ser positivo é usar nosso melhor dom: o poder de imaginar. Quem imagina cria; quem cria prospera. Ser positivo é sair da caverna, é deixar de ver as sombras para ver a causa delas. É aceitar os óculos do doutor José Lourenço, do Curvelo, como fez Miguilim. É então ver o Mutum como nunca se viu antes. Ser positivo é saber distinguir o negativo da negatividade. É não deixar que o bolo desande. É escolher a receita e adicionar os ingredientes certos.

A história conta que Xerxes, prestes a enfrentar os gregos na Batalha das Termópilas, teria ameaçado a defesa grega dizendo: "Minhas flechas serão tão numerosas que cobrirão o sol", ao que Leônidas, rei de Esparta, teria respondido: "Tanto melhor, combateremos à sombra". Ser positivo é não perder o bom humor; é, aliás, ficar atento ao seu avesso, o Mau Humor. É lidar com besouros como se fossem besouros e com rinocerontes como se fossem rinocerontes.

Ser positivo é não ficar na beira da estrada; é pegar uma carona positivamente contagiante. Ser positivo é moer a vingança, é enxergar a situação de fora, é ser imparcial. É não ter pena de si mesmo. É fazer o próprio show, mas aplaudir o outro. É tirar o cisco do olho e continuar o espetáculo. Porque ser positivo é estar convicto de que não se poderia pensar se não fosse possível fazer.

Ser positivo é ter certeza de que o mundo é um velho desconhecido, pronto para ser explorado, tocado, vivido. É saber que, na verdade, quem sabe? Talvez... não se saiba.

Ser positivo é saber estar do lado oposto. É usar as armas do inimigo para fins amigos. É não ter medo de ser repreendido. É não ficar indiferente. É se adaptar e, ao mesmo tempo, não se acomodar. É virar a moeda e não dar chance ao pessimismo. É encontrar e viver sob o equilíbrio.

Por fim, ser positivo é transmitir a positividade, pois, segundo um belo provérbio africano, "Uma chama não perde nada em acender outra".